Made in the USA
Las Vegas, NV
03 May 2022

48383664R00068